PREFAZIONE

La raccolta di frasari da viaggio "Andrà tutto bene!" pubblicati da T&P Books è destinata a coloro che viaggiano all'estero per turismo e per motivi professionali. I frasari contengono ciò che conta di più - gli elementi essenziali per la comunicazione di base. Questa è un'indispensabile serie di frasi utili per "sopravvivere" durante i soggiorni all'estero.

Questo frasario potrà esservi di aiuto nella maggior parte dei casi in cui dovrete chiedere informazioni, ottenere indicazioni stradali, domandare quanto costa qualcosa, ecc. Risulterà molto utile per risolvere situazioni dove la comunicazione è difficile e i gesti non possono aiutarci.

Questo libro contiene molte frasi che sono state raggruppate a seconda degli argomenti più importanti. Inoltre, troverete un mini dizionario con i vocaboli più utili - i numeri, le ore, il calendario, i colori ...

Durante i vostri viaggi portate con voi il frasario "Andrà tutto bene!" e disporrete di un insostituibile compagno di viaggio che vi aiuterà nei momenti di difficoltà e vi insegnerà a non avere paura di parlare in un'altra lingua straniera.

INDICE

T&P Books Publishing

T&P Books Publishing

FRASARIO

— ARABO —

I TERMINI E LE ESPRESSIONI PIÙ UTILI

Questo frasario contiene espressioni e domande di uso comune che risulteranno utili per intraprendere conversazioni di base con gli stranieri

Andrey Taranov

T&P BOOKS

Frasario + dizionario da 250 vocaboli

Frasario Italiano-Arabo e mini dizionario da 250 vocaboli

Di Andrey Taranov

La raccolta di frasari da viaggio "Andrà tutto bene!" pubblicati da T&P Books è destinata a coloro che viaggiano all'estero per turismo e per motivi professionali. I frasari contengono ciò che conta di più - gli elementi essenziali per la comunicazione di base. Questa è un'indispensabile serie di frasi utili per "sopravvivere" durante i soggiorni all'estero.

In aggiunta troverete un mini dizionario con 250 vocaboli che risulteranno utili nelle conversazioni di tutti i giorni - i nomi dei mesi e dei giorni della settimana, le unità di misura, i membri della famiglia e molto altro.

T&P Books Publishing
www.tpbooks.com

ISBN: 978-1-78716-969-2

Questo libro è disponibile anche in formato e-book.
Visitate il sito www.tpbooks.com o le principali librerie online.

PRONUNCIA

Alfabeto fonetico T&P	Esempio arabo	Esempio italiano
[a]	طَفَّى [ṭaffa]	macchia
[ā]	إِختار [iχtār]	scusare
[e]	هامبورجر [hamburger]	meno, leggere
[i]	زِفاف [zifāf]	vittoria
[ī]	أبريل [abrīl]	scacchi
[u]	كلكتا [kalkutta]	prugno
[ū]	جاموس [ʒāmūs]	luccio
[b]	بداية [bidāya]	bianco
[d]	سعادة [saʿāda]	doccia
[ḍ]	وضع [waḍʿ]	[d] faringale
[ʒ]	الأرجنتين [arʒantīn]	beige
[ð]	تذكار [tiðkār]	[th] faringalizzato
[ẓ]	ظهر [zahar]	[z] faringale
[f]	خفيف [χafīf]	ferrovia
[g]	جولف [gūlf]	guerriero
[h]	إتجاه [ittiʒāh]	[h] aspirate
[ḥ]	أحب [aḥabb]	[h] faringale
[y]	ذهبيّ [ðahabiy]	New York
[k]	كرسيّ [kursiy]	cometa
[l]	لمح [lamaḥ]	saluto
[m]	مرصد [marṣad]	mostra
[n]	جنوب [ʒanūb]	novanta
[p]	كابتشينو [kaputʃīnu]	pieno
[q]	وثِق [waθiq]	cometa
[r]	روح [rūḥ]	ritmo, raro
[s]	سخريّة [suχriyya]	sapere
[ṣ]	معصم [miʿṣam]	[s] faringale
[ʃ]	عشاء [ʿaʃāʾ]	ruscello
[t]	تنّوب [tannūb]	tattica
[ṭ]	خريطة [χarīṭa]	[t] faringale
[θ]	ماموث [mamūθ]	Toscana (dialetto toscano)
[v]	فيتنام [vitnām]	volare
[w]	ودّع [waddaʿ]	week-end
[χ]	بخيل [baχīl]	[h] dolce
[ɣ]	تغدّى [taɣadda]	simile gufo, gatto
[z]	ماعز [māʿiz]	rosa

5

Alfabeto fonetico T&P	Esempio arabo	Esempio italiano
['] (ayn)	[sab'a] سبعة	fricativa faringale sonora
['] (hamza)	[sa'al] سأل	occlusiva glottidale sorda

LISTA DELLE ABBREVIAZIONI

Arabo. Abbreviazioni

du	-	sostantivo plurale (duale)
f	-	sostantivo femminile
m	-	sostantivo maschile
pl	-	plurale

Italiano. Abbreviazioni

agg	-	aggettivo
anim.	-	animato
avv	-	avverbio
cong	-	congiunzione
ecc.	-	eccetera
f	-	sostantivo femminile
f pl	-	femminile plurale
fem.	-	femminile
form.	-	formale
inanim.	-	inanimato
inform.	-	familiare
m	-	sostantivo maschile
m pl	-	maschile plurale
m, f	-	maschile, femminile
masc.	-	maschile
mil.	-	militare
pl	-	plurale
pron	-	pronome
qc	-	qualcosa
qn	-	qualcuno
sing.	-	singolare
v aus	-	verbo ausiliare
vi	-	verbo intransitivo
vi, vt	-	verbo intransitivo, transitivo
vr	-	verbo riflessivo
vt	-	verbo transitivo

T&P BOOKS

FRASARIO ARABO

Questa sezione contiene frasi importanti che potranno rivelarsi utili in varie situazioni di vita quotidiana. Il frasario vi sarà di aiuto per chiedere indicazioni, chiarire il prezzo di qualcosa, comprare dei biglietti e ordinare pietanze in un ristorante

T&P Books Publishing

INDICE DEL FRASARIO

T&P Books Publishing

Mi scusi, ...	ba'd ezznak, ... بعد إذنك، ...
Buongiorno.	ahlan أهلا
Grazie.	ʃokran شكرا
Arrivederci.	ella alliqā' إلى اللقاء
Sì.	aywā أيوة
No.	la'a لأ
Non lo so.	ma'raʃʃ ما أعرفش
Dove? | Dove? (~ stai andando?) | Quando?	feyn? | lefeyn? | emta? فين؟ | لفين؟ | إمتى؟
Ho bisogno di ...	meḥtāg ... محتاج ...
Voglio ...	'āyez ... عايز ...
Avete ...?	ya tara 'andak ...? يا ترى عندك...؟
C'è un /una/ ... qui?	feyh hena ...? فيه هنا ...؟
Posso ...?	momken ...? ممكن ...؟
per favore	... men faḍlak ... من فضلك
Sto cercando ...	ana badawwar 'la ... أنا بادور على ...
il bagno	ḥammām حمام
un bancomat	makīnet ṣarraf 'āaly ماكينة صراف آلي
una farmacia	ṣaydaliya صيدلية
un ospedale	mostaʃfa مستشفى
la stazione di polizia	'essm el ʃorṭa قسم شرطة
la metro	metro el anfā' مترو الأنفاق

un taxi	taksi
	تاكسي
la stazione (ferroviaria)	mahattet el 'attr
	محطة القطر

Mi chiamo ...	essmy ...
	إسمي...
Come si chiama?	essmak eyh?
	اسمك إيه؟
Mi può aiutare, per favore?	te'ddar tesā'dny?
	تقدر تساعدني؟
Ho un problema.	ana 'andy moʃkela
	أنا عندي مشكلة
Mi sento male.	ana ta'bān
	أنا تعبان
Chiamate l'ambulanza!	otlob 'arabeyet es'āf!
	أطلب عربية إسعاف!
Posso fare una telefonata?	momken a'mel mokalma telefoniya?
	ممكن أعمل مكالمة تليفونية؟

Mi dispiace.	ana 'āssif
	أنا آسف
Prego.	el 'afw
	العفو

io	ana
	أنا
tu	enta
	أنت
lui	howwa
	هو
lei	hiya
	هي
loro (m)	homm
	هم
loro (f)	homm
	هم
noi	ehna
	احنا
voi	entom
	انتم
Lei	haddretak
	حضرتك

ENTRATA	doχūl
	دخول
USCITA	χorūg
	خروج
FUORI SERVIZIO	'attlān
	عطلان
CHIUSO	moγlaq
	مغلق

APERTO	maftūḥ
	مفتوح
DONNE	lel sayedāt
	للسيدات
UOMINI	lel regāl
	للرجال

Domande

Dove?	feyn? فين؟
Dove? (~ stai andando?)	lefeyn? لفين؟
Da dove?	men feyn? من فين؟
Perchè?	leyh? ليه؟
Per quale motivo?	le'ayī sabab? لأي سبب؟
Quando?	emta? إمتى؟

Per quanto tempo?	leḥadd emta? لحد إمتى؟
A che ora?	fi ayī sā'a? في أي ساعة؟
Quanto?	bekām? بكام؟
Avete ...?	ya tara 'andak ...? يا ترى عندك ...؟
Dov'e ...?	feyn ...? فين ...؟

Che ore sono?	el sā'a kām? الساعة كام؟
Posso fare una telefonata?	momken a'mel moكalma telefoniya? ممكن أعمل مكالمة تليفونية؟
Chi è?	meyn henāk? مين هناك؟
Si può fumare qui?	momken addaخen hena? ممكن أدخن هنا؟
Posso ...?	momken ...? ممكن ...؟

Necessità

Vorrei ...	aḥebb ... ... أحب
Non voglio ...	meʃ ʿāyiz ... ... مش عايز
Ho sete.	ana ʿaṭʃān أنا عطشان
Ho sonno.	ʿāyez anām عايز أنام

Voglio ...	ʿāyez ... ... عايز
lavarmi	atʃaṭṭaf أتشطف
lavare i denti	aɣsel senāny أغسل سناني
riposae un po'	artāḥ ʃwaya أرتاح شوية
cambiare i vestiti	aɣayar hodūmy أغير هدومي

tornare in albergo	argaʿ lel fondoq أرجع للفندق
comprare ...	ʃerā' ... ... شراء
andare a ...	arūḥ le ... ... أروح لـ
visitare ...	azūr ... ... أزور
incontrare ...	aʿābel ... ... أقابل
fare una telefonata	aʿmel mokalma telefoniya أعمل مكالمة تليفونية

Sono stanco.	ana taʿbān أنا تعبان
Siamo stanchi.	eḥna taʿbānīn إحنا تعبانين
Ho freddo.	ana bardān أنا بردان
Ho caldo.	ana ḥarran أنا حران
Sto bene.	ana kowayes أنا كويس

Devo fare una telefonata.	mehtāg a'mel mokalma telefoneya محتاج أعمل مكالمة تليفونية
Devo andare in bagno.	mehtāg arūh el hammam محتاج أروح الحمام
Devo andare.	lāzem am∫y لازم أمشي
Devo andare adesso.	lāzem am∫y dellwa'ty لازم أمشي دلوقتي

Come chiedere indicazioni

Mi scusi, ...	ba'd ezznak, ... ‫بعد إذنك،‬ ...
Dove si trova ...?	feyn ...? ‫فين ...؟‬
Da che parte è ...?	meneyn ...? ‫منين ...؟‬
Mi può aiutare, per favore?	momken tesā'edny, men faḍlak? ‫ممكن تساعدني، من فضلك؟‬

Sto cercando ...	ana badawwar 'la ... ‫أنا بادور على‬ ...
Sto cercando l'uscita.	baddawwar 'la ṭarīq el xorūg ‫بادور على طريق الخروج‬
Sto andando a ...	ana rāyeḥ le... ‫أنا رايح لـ...‬
Sto andando nella direzione giusta per ...?	ana māʃy fel ṭarīq el ṣaḥḥ le ...? ‫أنا ماشي في الطريق الصح لـ... ؟‬

E' lontano?	howwa be'īd? ‫هو بعيد؟‬
Posso andarci a piedi?	momken awṣal henāk māʃy? ‫ممكن أوصل هناك ماشي؟‬
Può mostrarmi sulla piantina?	momken tewarrīny 'lal xarīṭa? ‫ممكن توريني على الخريطة؟‬
Può mostrarmi dove ci troviamo adesso.	momken tewarrīny eḥna feyn dellwa'ty? ‫ممكن توريني إحنا فين دلوقتي؟‬

Qui	hena ‫هنا‬
Là	henāk ‫هناك‬
Da questa parte	men hena ‫من هنا‬

Giri a destra.	oddxol yemīn ‫ادخل يمين‬
Giri a sinistra.	oddxol ʃemal ‫ادخل شمال‬
La prima (la seconda, la terza) strada	awwel (tāny, tālet) ʃāre' ‫أول (تاني، تالت) شارع‬

a destra	'lal yemīn على اليمين
a sinistra	'lal ʃemal على الشمال
Vada sempre dritto.	'la ṭūl على طول

Segnaletica

BENVENUTO!	marḥaba
	مرحبا
ENTRATA	doχūl
	دخول
USCITA	χorūg
	خروج

SPINGERE	eddfaʻ
	إدفع
TIRARE	ess-ḥab
	إسحب
APERTO	maftūḥ
	مفتوح
CHIUSO	moχlaq
	مغلق

DONNE	lel sayedāt
	للسيدات
UOMINI	lel regāl
	للرجال
BAGNO UOMINI	el sāda
	السادة
BAGNO DONNE	el sayedāt
	السيدات

SALDI | SCONTI	taχfiḍāt
	تخفيضات
IN SALDO	okazyōn
	اوكازيون
GRATIS	maggānan
	مجانا
NOVITA!	gedīd!
	جديد!
ATTENZIONE!	ennttabeh!
	إنتبه!

COMPLETO	mafīʃ makān
	ما فيش مكان
RISERVATO	maḥgūz
	محجوز
AMMINISTRAZIONE	el edāra
	الإدارة
RISERVATO AL PERSONALE	lel ʻāmelīn faqaṭ
	للعاملين فقط

ATTENTI AL CANE!	ehhtaress men el kalb!
	إحترس من الكلب!
VIETATO FUMARE	mammnū' el tadχīn!
	ممنوع التدخين!
NON TOCCARE	mammnū' el lammss!
	ممنوع اللمس!
PERICOLOSO	χaṭīr
	خطير
PERICOLO	χaṭar
	خطر
ALTA TENSIONE	gohd 'āly
	جهد عالي
DIVIETO DI BALNEAZIONE	mammnū' el sebāḥa!
	ممنوع السباحة!

FUORI SERVIZIO	'aṭṭlān
	عطلان
INFIAMMABILE	qābel lel eſte'āl
	قابل للإشتعال
VIETATO	mammnū'
	ممنوع
VIETATO L'ACCESSO	mammnū' el taχaṭṭy!
	ممنوع التخطي!
PITTURA FRESCA	ṭalā' ḥadiis
	طلاء حديث

CHIUSO PER RESTAURO	moχlaq lel tagdedāt
	مغلق للتجديدات
LAVORI IN CORSO	aſχāl fel ṭarīq
	أشغال في الطريق
DEVIAZIONE	monḥany
	منحنى

Mezzi di trasporto - Frasi generiche

aereo	ṭayāra طيارة
treno	'aṭṭr قطر
autobus	otobiis اوتوبيس
traghetto	safīna سفينة
taxi	taksi تاكسي
macchina	'arabiya عربية

orario	gadwal جدول
Dove posso vedere l'orario?	a'dar aʃūf el gadwal feyn? أقدر أشوف الجدول فين؟
giorni feriali	ayām el ossbū' أيام الأسبوع
giorni di festa (domenica)	nehāyet el osbū' نهاية الأسبوع
giorni festivi	el 'agazāt الأجازات

PARTENZA	el saffar السفر
ARRIVO	el wosūl الوصول
IN RITARDO	mett'χara متأخرة
CANCELLATO	molχā ملغاه

il prossimo (treno, ecc.)	el gayī الجاي
il primo	el awwel الأول
l'ultimo	el 'aχīr الأخير

Quando è il prossimo ...?	emta el ... elly gayī? إمتى الـ ... إللي جاي؟
Quando è il primo ...?	emta awwel ...? إمتى اول ...؟

Quando è l'ultimo ...?	emta 'āχer ...? إمتى آخر ...؟
scalo	tabdīl تبديل
effettuare uno scalo	abaddel أبدل
Devo cambiare?	hal aḥtāg le tabdīl el...? هل أحتاج لتبديل الـ...؟

Acquistando un biglietto

Dove posso comprare i biglietti?	meneyn momken aʃtery tazāker? منين ممكن أشتري تذاكر؟
biglietto	tazzkara تذكرة
comprare un biglietto	ʃerā' tazāker شراء تذاكر
il prezzo del biglietto	as'ār el tazāker أسعار التذاكر
Dove?	lefeyn? لفين؟
In quale stazione?	le'ayī maḥaṭṭa? لأي محطة؟
Avrei bisogno di …	meḥtāg … محتاج …
un biglietto	tazzkara waḥda تذكرة واحدة
due biglietti	tazzkarteyn تذكرتين
tre biglietti	talat tazāker تلات تذاكر
solo andata	zehāb faqaṭṭ ذهاب فقط
andata e ritorno	zehāb we 'awda ذهاب وعودة
prima classe	daraga ūla درجة أولى
seconda classe	daraga tanya درجة ثانية
oggi	el naharda النهاردة
domani	bokra بكرة
dopodomani	ba'd bokra بعد بكرة
la mattina	el sobḥ الصبح
nel pomeriggio	ba'd el ẓohr بعد الظهر
la sera	bel leyl بالليل

posto lato corridoio	korsy mammar كرسي ممر
posto lato finestrino	korsy ʃebbāk كرسي شباك
Quanto?	bekām? بكام؟
Posso pagare con la carta di credito?	momken addfaʿ be kart e'temān? ممكن أدفع بكارت إئتمان؟

Autobus

autobus	el otobiis
	الأوتوبيس
autobus interurbano	otobiis beyn el moddon
	أوتوبيس بين المدن
fermata dell'autobus	mahattet el otobiis
	محطة الأوتوبيس
Dov'è la fermata dell'autobus più vicina?	feyn aqrab mahattet otobiis?
	فين أقرب محطة أوتوبيس؟

numero	raqam
	رقم
Quale autobus devo prendere per andare a ...?	'āχod ayī otobiis le ...?
	أخذ أي اوتوبيس لـ...؟
Questo autobus va a ...?	el otobiis da beyrūh ...?
	الأوتوبيس دة بيروح ...؟
Qual'è la frequenza delle corse degli autobus?	el otobiis beyīgi kol 'add eyh?
	الأوتوبيس بيجي كل قد إيه؟

ogni 15 minuti	kol χamasstāʃar daqīqa
	كل 15 دقيقة
ogni mezzora	kol noṣṣ sā'a
	كل نص ساعة
ogni ora	kol sā'a
	كل ساعة
più a volte al giorno	kaza marra fel yome
	كذا مرة في اليوم
... volte al giorno	... marrat fell yome
	... مرات في اليوم

orario	gadwal
	جدول
Dove posso vedere l'orario?	a'dar aʃūf el gadwal feyn?
	أقدر أشوف الجدول فين؟
Quando passa il prossimo autobus?	emta el otobīss elly gayī?
	إمتى الأتوبيس إللي جاي؟
A che ora è il primo autobus?	emta awwel otobiis?
	إمتى أول أوتوبيس؟
A che ora è l'ultimo autobus?	emta 'āχer otobiis?
	إمتى آخر أوتوبيس؟

fermata	mahatta
	محطة
prossima fermata	el mahatta el gaya
	المحطة الجاية

ultima fermata	aχer maḥaṭṭa آخر محطة (أخر الخط)
Può fermarsi qui, per favore.	laww samaḥt, wa'eff hena لو سمحت، وقف هنا
Mi scusi, questa è la mia fermata.	ba'd ezznak, di maḥaṭṭetti بعد إذنك، دي محطتي

Treno

treno	el ’aṭṭr القطر
treno locale	’aṭṭr el dawāhy قطر الضواحي
treno a lunga percorrenza	’aṭṭr el masāfāt el ṭawīla قطر المسافات الطويلة
stazione (~ ferroviaria)	maḥattet el ’aṭṭr محطة القطر
Mi scusi, dov'è l'uscita per il binario?	ba'd ezznak, meneyn el ṭarīq lel raṣīf بعد إذنك، منين الطريق للرصيف؟
Questo treno va a …?	el ’aṭṭr da beyrūḥ …? القطر دة بيروح ...؟
il prossimo treno	el ’aṭṭr el gayī? القطر الجاي؟
Quando è il prossimo treno?	emta el ’aṭṭr elly gayī? إمتى القطر إللي جاي؟
Dove posso vedere l'orario?	a'dar aʃūf el gadwal feyn? أقدر أشوف الجدول فين؟
Da quale binario?	men ayī raṣīf? من أي رصيف؟
Quando il treno arriva a … ?	emta yewṣal el ’aṭṭr …? إمتى يوصل القطر ... ؟
Mi può aiutare, per favore.	argūk sā'dny ارجوك ساعدني
Sto cercando il mio posto.	baddawwar 'lal korsy beṭā'y بادور على الكرسي بتاعي
Stiamo cercando i nostri posti.	eḥna benndawwar 'la karāsy إحنا بندور على كراسي
Il mio posto è occupato.	el korsy beṭā'i maʃɣūl الكرسي بتاعي مشغول
I nostri posti sono occupati.	karaseyna maʃɣūla كراسينا مشغولة
Mi scusi, ma questo è il mio posto.	'ann ezznak, el korsy da beṭā'y عن إذنك، الكرسي دة بتاعي
E' occupato?	el korsy da maḥgūz? الكرسي دة محجوز؟
Posso sedermi qui?	momken a''od hena? ممكن أقعد هنا؟

Sul treno - Dialogo (Senza il biglietto)

Biglietto per favore.

tazāker men faḍlak

تذاكر من فضلك

Non ho il biglietto.

ma'andīʃ tazzkara

ما عنديش تذكرة

Ho perso il biglietto.

tazzkarty ḍā'et

تذكرتي ضاعت

Ho dimenticato il biglietto a casa.

nesīt tazkarty fel beyt

نسيت تذكرتي في البيت

Può acquistare il biglietto da me.

momken teʃtery menny tazkara

ممكن تشتري مني تذكرة

Deve anche pagare una multa.

lāzem teddfa' ɣarāma kaman

لازم تدفع غرامة كمان

Va bene.

tamām

تمام

Dove va?

enta rāyeḥ feyn?

إنت رايح فين؟

Vado a ...

ana rāyeḥ le...

أنا رايح لـ...

Quanto? Non capisco.

bekām? ana meʃ fāhem

بكام؟ أنا مش فاهم

Può scriverlo per favore.

ektebha laww samaḥt

إكتبها لو سمحت

D'accordo. Posso pagare con la carta di credito?

tamām. momken addfa' be kredit kard?

تمام. ممكن أدفع بكريدت كارد؟

Si.

aywā momken

أيوة ممكن

Ecco la sua ricevuta.

ettfaḍḍal el īṣāl

اتفضل الإيصال

Mi dispiace per la multa.

'āssef beχeṣūṣ el ɣarāma

آسف بخصوص الغرامة

Va bene così. È stata colpa mia.

mafīʃ moʃkela. di χalṭety

ما فيش مشكلة. دي غلطتي

Buon viaggio.

esstammte' be reḥlatek

استمتع برحلتك

Taxi

taxi	taksi تاكسي
tassista	sawwā' el taksi سواق التاكسي
prendere un taxi	'āχod taksi أخد تاكسي
posteggio taxi	maw'af taksi موقف تاكسي
Dove posso prendere un taxi?	meneyn āχod taksi? منين أخد تاكسي؟
chiamare un taxi	an taṭṭlob taksi أن تطلب تاكسي
Ho bisogno di un taxi.	aḥtāg taksi أحتاج تاكسي
Adesso.	al'āan الآن
Qual'è il suo indirizzo?	ma howa 'ennwānak? ما هو عنوانك؟
Il mio indirizzo è ...	'ennwāny fi ... عنواني في ...
La sua destinazione?	ettegāhak? إتجاهك؟
Mi scusi, ...	ba'd ezznak, ... بعد إذنك، ...
E' libero?	enta fāḍy? إنت فاضي؟
Quanto costa andare a ...?	bekām arūḥ...? بكام أروح...؟
Sapete dove si trova?	te'raf hiya feyn? تعرف هي فين؟
All'aeroporto, per favore.	el maṭār men faḍlak المطار من فضلك
Si fermi qui, per favore.	wa'eff hena, laww samaḥt وقف هنا، لو سمحت
Non è qui.	meʃ hena مش هنا
È l'indirizzo sbagliato.	da 'enwān χalat دة عنوان غلط
Giri a sinistra.	oddχol ʃemal ادخل شمال
Giri a destra.	oddχol yemīn ادخل يمين

Quanto le devo?	'layī līk kām? عليّ لك كام؟
Potrei avere una ricevuta, per favore.	'āyez īşāl men faḍlak. عايز إيصال، من فضلك.
Tenga il resto.	ẖally el bā'y خلّي الباقي

Può aspettarmi, per favore?	momken tesstannāny laww samaḥt? ممكن تستناني لو سمحت؟
cinque minuti	ẖamas daqā'eq خمس دقائق
dieci minuti	'aʃar daqā'eq عشر دقائق
quindici minuti	rob' sā'a ربع ساعة
venti minuti	telt sā'a تلت ساعة
mezzora	noşş sā'a نص ساعة

Hotel

Salve.	ahlan أهلا
Mi chiamo ...	essmy ... ... إسمي
Ho prenotato una camera.	'andy ḥaggz عندي حجز
Ho bisogno di ...	mehtāg ... ... محتاج
una camera singola	yorfa moffrada غرفة مفردة
una camera doppia	yorfa mozzdawwaga غرفة مزدوجة
Quanto costa questo?	se'raha kām? سعرها كام؟
È un po' caro.	di yalya ʃewaya دي غالية شوية
Avete qualcos'altro?	'andak xayarāt tanya? عندك خيارات تانية؟
La prendo.	haxod-ha ح أخدها
Pago in contanti.	ḥaddfa' naqqdy ح أدفع نقدي
Ho un problema.	ana 'andy moʃkela أنا عندي مشكلة
Il mio ... è rotto.	... maksūr ...مكسور
Il mio ... è fuori servizio.	... 'aṭlān /'atlāna/ ...عطلان /عطلانة
televisore	el televizyōn التليفزيون
condizionatore	el takyīf التكييف
rubinetto	el ḥanafiya (~ 'aṭlāna) الحنفية
doccia	el doʃ الدش
lavandino	el banyo البانيو
cassaforte	el xāzena (~ 'aṭlāna) الخازنة

serratura	'effl el bāb
	قفل الباب
presa elettrica	maxrag el kahraba
	مخرج الكهربا
asciugacapelli	mogaffef el ʃaʿr
	مجفف الشعر

Non ho ...	maʿandīʃ ...
	ما عنديش ...
l'acqua	maya
	مية
la luce	nūr
	نور
l'elettricità	kahraba
	كهربا

Può darmi ...?	momken teddīny ...?
	ممكن تديني ...؟
un asciugamano	fūṭa
	فوطة
una coperta	baṭṭaneya
	بطّانية
delle pantofole	ʃebʃeb
	شبشب
un accappatoio	robe
	روب
dello shampoo	ʃambū
	شامبو
del sapone	ṣabūn
	صابون

Vorrei cambiare la camera.	aḥebb aɣayar el oḍa
	أحب أغير الأوضة
Non trovo la chiave.	meʃ lāʾy meftāḥy
	مش لاقي مفتاحي
Potrebbe aprire la mia camera, per favore?	momken tefftaḥ oḍḍty men faḍlak?
	ممكن تفتح أوضتي من فضلك؟
Chi è?	meyn henāk?
	مين هناك؟
Avanti!	ettfaḍḍal!
	إتفضل!
Un attimo!	daqīqa wāḥeda!
	دقيقة واحدة!
Non adesso, per favore.	meʃ dellwaʾty men faḍlak
	مش دلوقتي من فضلك

Può venire nella mia camera, per favore.	taʿāla oḍḍty laww samaḥt
	تعالى أوضتي لو سمحت
Vorrei ordinare qualcosa da mangiare.	'āyez ṭalab men xeddmet el wagabāt
	عايز طلب من خدمة الوجبات
Il mio numero di camera è ...	raqam oḍḍty howa ...
	رقم أوضتي هو ...

Parto …	ana māʃy …
	أنا ماشي ...
Partiamo …	eḥna maʃyīn …
	إحنا ماشيين ...
adesso	dellwaʼty
	دلوقتي
questo pomeriggio	baʼd el ẓohr
	بعد الظهر
stasera	el leyla di
	الليلة دي
domani	bokra
	بكرة
domani mattina	bokra el ṣobh
	بكرة الصبح
domani sera	bokra bel leyl
	بكرة بالليل
dopodomani	baʼd bokra
	بعد بكرة

Vorrei pagare.	aḥebb adfaʼ
	أحب أدفع
È stato tutto magnifico.	kol ʃeyʼ kan rāʼeʼ
	كل شيء كان رائع
Dove posso prendere un taxi?	feyn momken alāʼy taksi?
	فين ممكن ألاقي تاكسي؟
Potrebbe chiamarmi un taxi, per favore?	momken toṭlob lī taksi laww samaḥt?
	ممكن تطلب لي تاكسي لو سمحت؟

Al Ristorante

Posso vedere il menù, per favore?	momken aʃūf qā'ema el ṭa'ām men faḍlak? ممكن أشوف قائمة الطعام من فضلك؟
Un tavolo per una persona.	tarabeyza le ʃaxṣ wāḥed ترابيزة لشخص واحد
Siamo in due (tre, quattro).	ehnạ etneyn (talāta, arba'a) إحنا اتنين (ثلاثة، أربعة)
Fumatori	modaxenīn مدخنين
Non fumatori	ɣeyr moddaxenīn غير مدخنين
Mi scusi!	laww samaḥt لو سمحت
il menù	qā'emat el ṭa'ām قائمة الطعام
la lista dei vini	qā'emat el nebīz قائمة النبيذ
Posso avere il menù, per favore.	el qā'ema, laww samaḥt القائمة، لو سمحت
È pronto per ordinare?	mossta'ed toṭṭlob? مستعد تطلب؟
Cosa gradisce?	ḥatāxod eh? ح تاخد إيه؟
Prendo …	ana ḥāxod … أنا ح أخد ...
Sono vegetariano.	ana nạbāty أنا نباتي
carne	laḥma لحم
pesce	samakk سمك
verdure	xoḍār خضار
Avete dei piatti vegetariani?	'andak aṭṭbāq nabātiya? عندك أطباق نباتية؟
Non mangio carne di maiale.	lā 'āakol el xanzīr لا أكل الخنزير
Lui /lei/ non mangia la carne.	howwa /hiya/ la tākol el laḥm هو/هي/ لا تأكل اللحم

Sono allergico a ...	'andy ḥasasseya men ... عندي حساسية من ...
Potrebbe portarmi ...	momken tegīb lī ... ممكن تجيب لي...
del sale | del pepe | dello zucchero	melḥ | felfel | sokkar ملح ا فلفل ا سكر
un caffè | un tè | un dolce	'ahwa | ʃāy | ḥelw قهوة ا شاي ا حلو
dell'acqua | frizzante | naturale	meyāh | ɣaziya | 'adiya مياه ا غازية ا عادية
un cucchiaio | una forchetta | un coltello	ma'la'a | ʃowka | sekkīna ملعقة ا شوكة ا سكينة
un piatto | un tovagliolo	ṭabaq | fūṭa طبق افوطة

Buon appetito!	bel hana wel ʃefa بالهنا والشفا
Un altro, per favore.	waḥda kamān laww samaḥt واحدة كمان لو سمحت
È stato squisito.	kanet lazīza geddan كانت لذيذة جدا

il conto | il resto | la mancia	ʃīk | fakka | ba'ʃīʃ شيك افكة ابقشيش
Il conto, per favore.	momken el ḥesāb laww samaḥt? ممكن الحساب لو سمحت؟
Posso pagare con la carta di credito?	momken addfa' þe kart e'temān? ممكن أدفع بكارت إئتمان؟
Mi scusi, c'è un errore.	ana 'āssif, feyh ɣalṭa hena أنا آسف، في غلطة هنا

Shopping

Posso aiutarla?	momken asa'dak? ممكن أساعدك؟
Avete ...?	ya tara 'andak ...? يا ترى عندك ...؟
Sto cercando ...	ana badawwar 'la ... أنا بادور على ...
Ho bisogno di ...	mehtāg ... محتاج ...
Sto guardando.	ana battfarrag أنا بأتفرج
Stiamo guardando.	ehna benettfarrag إحنا بنتفرج
Ripasserò più tardi.	hāgy ba'deyn ح أجي بعدين
Ripasseremo più tardi.	haneygy ba'deyn ح نجي بعدين
sconti | saldi	taxfīdāt | okazyōn تخفيضات أوكازيون
Per favore, mi può far vedere ...?	momken tewarrīny ... laww samaht? ممكن توريني ... لو سمحت؟
Per favore, potrebbe darmi ...	momken teddīny ... laww samaht ممكن تديني ... لو سمحت
Posso provarlo?	momken a7īs? ممكن أقيس؟
Mi scusi, dov'è il camerino?	laww samaht, feyn el brova? لو سمحت، فين البروفا؟
Che colore desidera?	'āyez ayī lone? عايز أي لون؟
taglia | lunghezza	maqās | tūl مقاس طول
Come le sta?	ya tara el maqās mazbūt? يا ترى المقاس مضبوط؟
Quanto costa questo?	bekām? بكام؟
È troppo caro.	da yāly geddan دة غالي جدا
Lo prendo.	haftereyh ح أشتريه
Mi scusi, dov'è la cassa?	ba'd ezznak, addfa' feyn laww samaht? بعد إذنك، أدفع فين لو سمحت؟

Paga in contanti o con carta di credito?	hateddfa' naqqdan walla be kart e'temān? ح تدفع نقدا ولا بكارت إئتمان؟
In contanti | con carta di credito	naqdan | be kart e'temān نقدا ا بكارت إئتمان

Vuole lo scontrino?	'āyez īṣāl? عايز إيصال؟
Si, grazie.	aywā, men faḍlak أيوة، من فضلك
No, va bene così.	lā, mafīʃ moʃkela لا، ما فيش مشكلة
Grazie. Buona giornata!	ʃokran. yome saʿīd شكرا. يوم سعيد

In città

Mi scusi, per favore …	ba'd ezznak, laww samaht بعد إذنك، لو سمحت
Sto cercando …	ana badawwar 'la … أنا بادور على …
la metropolitana	metro el anfā' مترو الأنفاق
il mio albergo	el fondo' betā'i الفندق بتاعي
il cinema	el sinema السينما
il posteggio taxi	maw'af taksi موقف تاكسي
un bancomat	makīnet ṣarraf 'āaly ماكينة صراف آلي
un ufficio dei cambi	maktab ṣarrafa مكتب صرافة
un internet café	maqha internet مقهى انترنت
via …	ʃāre'… … شارع
questo posto	el makān da المكان دة
Sa dove si trova …?	hal te'raf feyn …? هل تعرف فين …؟
Come si chiama questa via?	essmu eyh el ʃāre' da? اسمه إيه الشارع دة؟
Può mostrarmi dove ci troviamo?	momken tewarrīny ehna feyn dellwa'ty? ممكن توريني إحنا فين دلوقتي؟
Posso andarci a piedi?	momken awṣal henāk māʃy? ممكن أوصل هناك ماشي؟
Avete la piantina della città?	'andak xarīṭa lel madīna? عندك خريطة للمدينة؟
Quanto costa un biglietto?	bekām tazkaret el doxūl? بكام تذكرة الدخول؟
Si può fotografare?	momken assawwar hena? ممكن أصور هنا؟
E' aperto?	entom fatt-ḥīn? إنتم فاتحين؟

Quando aprite?

emta betefftaḥu?
إمتى بتفتحوا؟

Quando chiudete?

emta bete'ffelu?
إمتى بتقفلوا؟

Soldi

Soldi	folūss فلوس
contanti	naqdy نقدي
banconote	folūss waraqiya فلوس ورقية
monete	fakka فكة
conto | resto | mancia	ʃīk | fakka | ba'ʃīʃ شيك أفكة ابقشيش
carta di credito	kart e'temān كارت إئتمان
portafoglio	maḥfaza محفظة
comprare	ʃerā' شراء
pagare	daf' دفع
multa	ɣarāma غرامة
gratuito	maggānan مجانا
Dove posso comprare ...?	feyn momken aʃtery ...? فين ممكن أشتري ...؟
La banca è aperta adesso?	hal el bank fāteḥ dellwa'ty هل البنك فاتح دلوقتي؟
Quando apre?	emta betefftaḥ? إمتى بيفتح؟
Quando chiude?	emta beye'ffel? إمتى بيقفل؟
Quanto costa?	bekām? بكام؟
Quanto costa questo?	bekām da? بكام دة؟
È troppo caro.	da ɣāly geddan دة غالي جدا
Scusi, dov'è la cassa?	ba'd ezznak, addfa' feyn laww samaḥt? بعد إذنك، أدفع فين لو سمحت؟
Il conto, per favore.	el ḥesāb men faḍlak الحساب من فضلك

Posso pagare con la carta di credito?	momken addfa' pe kart e'temān? ممكن أدفع بكارت إئتمان؟
C'è un bancomat?	feyh hena makīnet ṣarraf 'āaly? فيه هنا ماكينة صراف آلي؟
Sto cercando un bancomat.	baddawwar 'la makīnet ṣarraf 'ālly بادور على ماكينة صراف آلي
Sto cercando un ufficio dei cambi.	baddawwar 'la maktab ṣarrāfa بادور على مكتب صرافة
Vorrei cambiare ...	'āyez aɣayar ... عايز أغير ...
Quanto è il tasso di cambio?	se'r el 'omla kām? سعر العملة كام؟
Ha bisogno del mio passaporto?	enta mehtāg gawāz safary? إنت محتاج جواز سفري؟

Le ore

Che ore sono?	el sā'a kām? الساعة كام؟
Quando?	emta? إمتى؟
A che ora?	fi ayī sā'a? في أي ساعة؟
adesso | più tardi | dopo …	dellwa'ty | ba'deyn | ba'd … دلوقتي ا بعدين ا بعد …

l'una	el sā'a waḥda الساعة واحدة
l'una e un quarto	el sā'a waḥda we rob' الساعة واحدة وربع
l'una e trenta	el sā'a waḥda we noṣṣ الساعة واحدة ونص
l'una e quarantacinque	el sā'a etneyn ellā rob' الساعة إتنين إلا ربع

uno | due | tre	waḥda | etneyn | talāta واحدة الاتنين اتلاتة
quattro | cinque | sei	arba'a | ẖamsa | setta أربعة خمسة ستة
sette | otto | nove	sabb'a | tamanya | tess'a سبعة ا تمانية اتسعة
dieci | undici | dodici	'aʃra | hedāʃar | etnāʃar عشرة ا حداشر ا اتناشر

fra …	fi … في …
cinque minuti	ẖamas daqā'eq خمس دقائق
dieci minuti	'aʃar daqā'eq عشر دقائق
quindici minuti	rob' sā'a ربع ساعة
venti minuti	telt sā'a تلت ساعة
mezzora	noṣṣ sā'a نص ساعة
un'ora	sā'a ساعة

la mattina	el sobḥ
	الصبح
la mattina presto	el sobḥ badri
	الصبح بدري
questa mattina	el naharda el ṣobḥ
	النهاردة الصبح
domani mattina	bokra el ṣobh
	بكرة الصبح

all'ora di pranzo	fi noṣṣ el yome
	في نص اليوم
nel pomeriggio	ba'd el ẓohr
	بعد الظهر
la sera	bel leyl
	بالليل
stasera	el leyla di
	الليلة دي

la notte	bel leyl
	بالليل
ieri	emmbāreḥ
	إمبارح
oggi	el naharda
	النهاردة
domani	bokra
	بكرة
dopodomani	ba'd bokra
	بعد بكرة

Che giorno è oggi?	el naharda eyh fel ayām?
	النهاردة إيه في الأيام؟
Oggi è …	el naharda …
	النهاردة ...
lunedì	el etneyn
	الإتنين
martedì	el talāt
	التلات
mercoledì	el 'arba'
	الأربع

giovedì	el χamīs
	الخميس
venerdì	el gumu'ā
	الجمعة
sabato	el sabt
	السبت
domenica	el hadd
	الحد

Saluti - Presentazione

Salve.	ahlan أهلا
Lieto di conoscerla.	sa'īd be leqā'ak سعيد بلقائك
Il piacere è mio.	ana ass'ad أنا أسعد
Vi presento ...	a'arrafak be ... أعرفك بـ ...
Molto piacere.	forșa sa'īda فرصة سعيدة
Come sta?	ezzayak? إزيك؟
Mi chiamo ...	esmy ... أسمي ...
Si chiama ... (m)	essmu ... إسمه ...
Si chiama ... (f)	essmaha ... إسمها ...
Come si chiama?	essmak eyh? إسمك إيه؟
Come si chiama lui?	essmu eyh? إسمه إيه؟
Come si chiama lei?	essmaha eyh? إسمها إيه؟
Qual'è il suo cognome?	essm 'ā'eltak eyh? إسم عائلتك إيه؟
Può chiamarmi ...	te'ddar tenadīny be... تقدر تناديني بـ....
Da dove viene?	enta meneyn? إنت منين؟
Vengo da ...	ana men ... أنا من ...
Che lavoro fa?	beteʃtaɣal eh? بتشتغل إيه؟
Chi è?	meyn da مين دة
Chi è lui?	meyn howwa? مين هو؟
Chi è lei?	meyn hiya? مين هي؟
Chi sono loro?	meyn homm? مين هم؟

Questo è ...	da yeb'ā ... دة يبقى ...
il mio amico	ṣadīqy صديقي
la mia amica	ṣadīqaty صديقتي
mio marito	gouzy جوزي
mia moglie	merāty مراتي

mio padre	waldy والدي
mia madre	waldety والدتي
mio fratello	aχūya أخويا
mio figlio	ebny إبني
mia figlia	bennty بنتي

Questo è nostro figlio.	da ebnena دة إبننا
Questa è nostra figlia.	di benntena دي بنتننا
Questi sono i miei figli.	dole awwlādy دول أولادي
Questi sono i nostri figli.	dole awwladna دول أولادنا

Saluti di commiato

Arrivederci!	ella alliqā' إلى اللقاء
Ciao!	salām سلام
A domani.	aʃūfak bokra أشوفك بكرة
A presto.	aʃūfak orayeb أشوفك قريب
Ci vediamo alle sette.	aʃūfak el sā'a sab'a أشوفك الساعة سبعة

Divertitevi!	esstammte'! إستمتع!
Ci sentiamo più tardi.	netkallem ba'deyn نتكلم بعدين
Buon fine settimana.	'ot̩let osbū̩' saʿīda عطلة أسبوع سعيدة
Buona notte	tes̩s̩bah̩ 'la xeyr تصبح على خير

Adesso devo andare.	gā' waqt el zehāb جاء وقت الذهاب
Devo andare.	lāzem amʃy لازم أمشي
Torno subito.	harga' 'la t̩ūl ح أرجع على طول

È tardi.	el waqt mett'axar الوقت متأخر
Domani devo alzarmi presto.	lāzem as̩s̩-ha badry لازم أصحى بدري
Parto domani.	ana māʃy bokra أنا ماشي بكرة
Partiamo domani.	ehhna maʃyīn bokra إحنا ماشيين بكرة

Buon viaggio!	rehla saʿīda! رحلة سعيدة!
È stato un piacere conoscerla.	forsa saʿīda فرصة سعيدة
È stato un piacere parlare con lei.	sa'eddt bel kalām ma'ak سعدت بالكلام معك
Grazie di tutto.	ʃokran 'la koll ʃey' شكرا على كل شيء

Mi sono divertito.	ana qaḍḍayt waqt saʿīd
	أنا قضيت وقت سعيد
Ci siamo divertiti.	ehna 'aḍḍeyna wa't saʿīd
	إحنا قضينا وقت سعيد
È stato straordinario.	kan bel feʾl rāʾeʿ
	كان بالفعل رائع
Mi mancherà.	hatewwhaʃīny
	ح توحشني
Ci mancherà.	hatewwhaʃna
	ح توحشنا

Buona fortuna!	ḥazz saʿīd!
	حظ سعيد!
Mi saluti ...	tahīāty le…
	تحياتي لـ...

Lingua straniera

Non capisco.	ana meʃ fãhem أنا مش فاهم
Può scriverlo, per favore.	ektebha laww samaḥt إكتبها لو سمحت
Parla ...?	enta betettkalem ...? أنت بتتكلم ...؟

Parlo un po' ...	ana battkallem ʃewaya ... أنا بأتكلم شوية ...
inglese	engilīzy أنجليزي
turco	torky تركي
arabo	ʻaraby عربي
francese	faransãwy فرنساوي

tedesco	almãny ألماني
italiano	itãly إيطالي
spagnolo	asbãny أسباني
portoghese	bortoɣãly برتغالي
cinese	ṣīny صيني
giapponese	yabãny ياباني

Può ripetere, per favore.	momken teʻīd el kalãm men faḍlak? ممكن تعيد الكلام من فضلك؟
Capisco.	ana fãhem انا فاهم
Non capisco.	ana meʃ fãhem انا مش فاهم
Può parlare più piano, per favore.	momken tetkallem abṭaʼ laww samaḥt? ممكن تتكلم ابطأ لو سمحت؟

È corretto?	keda ṣaḥḥ? كدة صح؟
Cos'è questo? (Cosa significa?)	eh da? إيه دة؟

Chiedere scusa

Mi scusi, per favore.	ba'd ezznak, laww samaḥt
	بعد إذنك، لو سمحت
Mi dispiace.	ana 'āṣṣif
	أنا آسف
Mi dispiace molto.	ana 'āṣṣif beggad
	أنا آسف بجد
Mi dispiace, è colpa mia.	ana 'āṣṣif, di ɣalṭeti
	أنا آسف، دي غلطتي
È stato un mio errore.	ɣalṭety
	غلطتي

Posso ...?	momken ...?
	ممكن ...؟
Le dispiace se ...?	teddāyi' laww ...?
	تتضايق لو ...؟
Non fa niente.	mafīʃ moʃkela
	ما فيش مشكلة
Tutto bene.	kollo tamām
	كله تمام
Non si preoccupi.	mate'la'ʃ
	ما تقلقش

Essere d'accordo

Sì.	aywā
	أيوة
Sì, certo.	aywa, akīd
	أيوة، أكيد
Bene.	tamām
	تمام
Molto bene.	kowayīs geddan
	كويس جدا
Certamente!	bekol ta'kīd!
	بكل تأكيد!
Sono d'accordo.	mewāfe'
	موافق

Esatto.	da ṣaḥīh
	دة صحيح
Giusto.	da ṣaḥḥ
	دة صح
Ha ragione.	kalāmak ṣaḥḥ
	كلامك صح
È lo stesso.	ma'andīʃ māne'
	ما عنديش مانع
È assolutamente corretto.	ṣaḥḥ tamāman
	صح تماما

È possibile.	momken
	ممكن
È una buona idea.	di fekra kewayīsa
	دي فكرة كويسة
Non posso dire di no.	ma'darʃ a'ūl la'
	ما أقدرش أقول لأ
Ne sarei lieto /lieta/.	bekol sorūr
	حكون سعيد
Con piacere.	bekol sorūr
	بكل سرور

Diniego. Esprimere incertezza

No.	la'a
	لأ
Sicuramente no.	akīd la'
	أكيد لأ
Non sono d'accordo.	meʃ mewāfe'
	مش موافق
Non penso.	ma 'azzonneʃ keda
	ما أظنش كدة
Non è vero.	da meʃ ṣaḥīḥ
	دة مش صحيح
Si sbaglia.	enta ɣalṭān
	إنت غلطان
Penso che lei si stia sbagliando.	azonn ennak ɣalṭān
	أظن إنك غلطان
Non sono sicuro.	meʃ akīd
	مش أكيد
È impossibile.	da mos-taḥīl
	دة مستحيل
Assolutamente no!	mafīʃ ḥāga keda!
	ما فيش حاجة كدة!
Esattamente il contrario!	el 'akss tamāman
	العكس تماما
Sono contro.	ana ḍedd da
	أنا ضد دة
Non m'interessa.	ma yehemmenīʃ
	ما يهمنيش
Non ne ho idea.	maʿandīʃ fekra
	ما عنديش فكرة
Dubito che sia così.	aʃokk fe da
	أشك في دة
Mi dispiace, non posso.	'āsseʃ ma 'qdarʃ
	آسف، ما أقدرش
Mi dispiace, non voglio.	'āsseʃ meʃ 'ayez
	آسف، مش عايز
Non ne ho bisogno, grazie.	ʃokran, bass ana meʃ meḥtāg loh
	شكرا، بس أنا مش محتاج له
È già tardi.	el waqt mett'aχar
	الوقت متأخر

Devo alzarmi presto.

lāzem aṣṣ-ha badry

لازم أصحى بدري

Non mi sento bene.

ana ta'bān

أنا تعبان

Esprimere gratitude

Grazie.	ʃokran شكراً
Grazie mille.	ʃokran gazīlan شكراً جزيلاً
Le sono riconoscente.	ana ha'i'i me'addar da أنا حقيقي مقدر دة
Le sono davvero grato.	ana mommtann līk geddan أنا ممتن لك جداً
Le siamo davvero grati.	ehna mommtannīn līk geddan إحنا ممتنين لك جداً

Grazie per la sua disponibilità.	ʃokran 'la wa'tak شكراً على وقتك
Grazie di tutto.	ʃokran 'la koll ʃey' شكراً على كل شيء
Grazie per ...	ʃokran 'la ... شكراً على ...
il suo aiuto	mosa'detak مساعدتك
il bellissimo tempo	el waqt الوقت اللطيف

il delizioso pranzo	wagba rā'e'a وجبة رائعة
la bella serata	amsiya mummte'a أمسية ممتعة
la bella giornata	yome rā'e' يوم رائع
la splendida gita	rehla mod-heʃa رحلة مدهشة

Non c'è di che.	lā ʃokr 'la wāgeb لا شكر على واجب
Prego.	el 'afw العفو
Con piacere.	ayī waqt أي وقت
È stato un piacere.	bekol sorūr بكل سرور
Non ci pensi neanche.	ennsa إنسى
Non si preoccupi.	mate'la'ʃ ما تقلقش

Congratulazioni. Auguri

Congratulazioni!	ohanṇīk! أهنيك!
Buon compleanno!	ʿīd milād saʿīd! عيد ميلاد سعيد!
Buon Natale!	ʿīd milād saʿīd! عيد ميلاد سعيد!
Felice Anno Nuovo!	sana gedīda saʿīda! سنة جديدة سعيدة!

Buona Pasqua!	ʃamm nessīm saʿīd! شم نسيم سعيد!
Felice Hanukkah!	hanūka saʿīda! هانوكا سعيدة!

Vorrei fare un brindisi.	aḥebb aqtareḥ neʃrab naχab أحب أقترح نشرب نخب
Salute!	fi seḥḥettak في صحتك
Beviamo a ...!	yalla neʃrab fe ...! ياللا نشرب في ...!
Al nostro successo!	nagāḥna نجاحنا
Al suo successo!	nagāḥak نجاحك

Buona fortuna!	ḥazz saʿīd! حظ سعيد!
Buona giornata!	nahārak saʿīd! نهارك سعيد!
Buone vacanze!	agāza ṭayeba! أجازة طيبة!
Buon viaggio!	trūḥ bel salāma! تروح بالسلامة!
Spero guarisca presto!	atmanna ennak tataʿāfa besorʿa! أتمنى إنك تتعافى بسرعة!

Socializzare

Perchè è triste?

enta leyh za'lān?
إنت ليه زعلان؟

Sorrida!

ebbtassem! farrfeʃ!
إبتسم! فرفش!

È libero stasera?

enta fādy el leyla di?
إنت فاضي الليلة دي؟

Posso offrirle qualcosa da bere?

momken a'zemak 'la maʃrūb?
ممكن أعزمك على مشروب؟

Vuole ballare?

tehebb torr'oṣṣ?
تحب ترقص؟

Andiamo al cinema.

yalla nerūḥ el sinema
يالا نروح السينما

Posso invitarla ...?

momken a'zemak 'la ...?
ممكن أعزمك على ...؟

al ristorante

maṭṭ'am
مطعم

al cinema

el sinema
السينما

a teatro

el masraḥ
المسرح

a fare una passeggiata

tamʃeya
تمشية

A che ora?

fi ayī sā'a?
في أي ساعة؟

stasera

el leyla di
الليلة دي

alle sei

el sā'a setta
الساعة ستة

alle sette

el sā'a sab'a
الساعة سبعة

alle otto

el sā'a tamanya
الساعة ثمانية

alle nove

el sā'a tess'a
الساعة تسعة

Le piace qui?

ya tara 'agbak el makān?
يا ترى عاجبك المكان؟

È qui con qualcuno?

enta hena ma' ḥadd?
إنت هنا مع حد؟

Sono con un amico /una amica/.

ana ma' ṣadīq
أنا مع صديق

Sono con i miei amici.	ana ma' aṣṣdiqā' أنا مع أصدقاء
No, sono da solo /sola/.	lā, ana waḥḥdy لا، أنا وحدي

Hai il ragazzo?	hal 'andak ṣadīq? هل عندك صديق؟
Ho il ragazzo.	ana 'andy ṣadīq أنا عندي صديق
Hai la ragazza?	hal 'andak ṣadīqa? هل عندك صديقة؟
Ho la ragazza.	ana 'andy ṣadīqa أنا عندي صديقة

Posso rivederti?	a'dar aʃūfak tāny? أقدر أشوفك تاني؟
Posso chiamarti?	a'dar atteṣel bīk? أقدر أتصل بك؟
Chiamami.	ettaṣṣel bī إتصل بي
Qual'è il tuo numero?	eh raqamek? إيه رقمك؟
Mi manchi.	waḥaʃtīny وحشتني

Ha un bel nome.	essmek gamīl إسمك جميل
Ti amo.	oheḅbek أحبك
Mi vuoi sposare?	tettgawwezīny? تتجوزيني؟
Sta scherzando!	enta bett-hazzar! إنت بتهزر!
Sto scherzando.	ana bahazzar bas أنا باهزر بس

Lo dice sul serio?	enta bettettkallem gad? إنت بتتكلم جد؟
Sono serio.	ana gād أنا جاد
Davvero?!	ṣaḥīḥ? صحيح؟
È incredibile!	meʃ ma''ūl! مش معقول!
Non le credo.	ana meʃ meṣṣad'āk أنا مش مصدقاك
Non posso.	ma'darʃ ما أقدرش
No so.	ma'raʃʃ ما أعرفش
Non la capisco.	meʃ fahmāk مش فاهماك

Per favore, vada via.	men faḍlak temʃy من فضلك تمشي
Mi lasci in pace!	sebbny lewaḥḥdy! سيبني لوحدي!

Non lo sopporto.	ana ḷā aṭīqo أنا لا أطيقه
Lei è disgustoso!	enta mo'reff إنت مقرف
Chiamo la polizia!	hattlob el ʃorta ح أطلب الشرطة

Comunicare impressioni ed emozioni

Mi piace.	ye'gebny يعجبني
Molto carino.	laṭīf geddan لطيف جدا
È formidabile!	da rā'e' دة رائع
Non è male.	da meʃ saye' دة مش سيء

Non mi piace.	meʃ 'agebny مش عاجبني
Non è buono.	meʃ kowayīs مش كويس
È cattivo.	da saye' دة سيء
È molto cattivo.	da saye' geddan دة سيء جدا
È disgustoso.	da mo'rreff دة مقرف

Sono felice.	ana saʿīd أنا سعيد
Sono contento /contenta/.	ana mabsūṭ أنا مبسوط
Sono innamorato /innamorata/.	ana baḥebb أنا باحب
Sono calmo.	ana hāḍy أنا هادي
Sono annoiato.	ana zah'ān أنا زهقان

Sono stanco /stanca/.	ana ta'bān أنا تعبان
Sono triste.	ana ḥazīn أنا ًحزين
Sono spaventato.	ana χāyef أنا خايف
Sono arrabbiato /arrabiata/.	ana ɣadbān أنا غضبان
Sono preoccupato /preoccupata/.	ana qalqān أنا قلقان
Sono nervoso /nervosa/.	ana mutawwatter أنا متوتر

Sono geloso /gelosa/.	ana γayrān
	أنا غيران
Sono sorpreso /sorpresa/.	ana mutafāge'
	أنا متفاجئ
Sono perplesso.	ana morrtabek
	أنا مرتبك

Problemi. Incidenti

Ho un problema.	ana 'andy moʃkela أنا عندي مشكلة
Abbiamo un problema.	ehna 'andena moʃkela إحنا عندنا مشكلة
Sono perso /persa/.	ana tāʒeh أنا تايه
Ho perso l'ultimo autobus (treno).	fātny 'āaxer otobiis فاتني آخر أوتوبيس
Non ho più soldi.	meʃ fāḍel ma'aya flūss مش فاضل معايا فلوس

Ho perso ...	ḍāʿ menny ... betā'y ضاع مني ... بتاعي
Mi hanno rubato ...	ḥadd saraʾ ... betā'y حد سرق ... بتاعي
il passaporto	bassbore باسبور
il portafoglio	maḥfaza محفظة
i documenti	awwarāʾ أوراق
il biglietto	tazzkara تذكرة

i soldi	folūss فلوس
la borsa	ʃannta شنطة
la macchina fotografica	kamera كاميرا
il computer portatile	lab tob لاب توب
il tablet	tablet تابلت
il telefono cellulare	telefon maḥmūl تليفون محمول

Aiuto!	sāʿdny! إساعدني
Che cosa è successo?	eh elly ḥaṣal? إيه إللي حصل؟
fuoco	harīqa حريقة

sparatoria	ḍarrb nār
	ضرب نار
omicidio	qattl
	قتل
esplosione	ennfegār
	إنفجار
rissa	xenā'a
	خناقة

Chiamate la polizia!	ettaṣel bel ʃorṭa!
	اتصل بالشرطة!
Per favore, faccia presto!	besor'a men faḍlak!
	بسرعة من فضلك!
Sto cercando la stazione di polizia.	baddawwar 'la qessm el ʃorṭa
	بادور على قسم الشرطة
Devo fare una telefonata.	mehtāg a'mel moḳalma telefoneya
	محتاج أعمل مكالمة تليفونية
Posso usare il suo telefono?	momken asstaxdem telefonak?
	ممكن أستخدم تليفونك؟

Sono stato /stata/ ...	ana kont ...
	أنا كنت ...
aggredito /aggredita/	ettnaʃalt
	اتنشلت
derubato /derubata/	ettsaraqt
	اتسرقت
violentata	oytiṣabt
	اغتصبت
assalito /assalita/	ta'arraḍt le e'tedā'
	تعرضت لإعتداء

Lei sta bene?	enta bexeyr?
	إنت بخير؟
Ha visto chi è stato?	ya tara ʃoft meyn?
	يا ترى شفت مين؟
È in grado di riconoscere la persona?	te'ddar tett'arraf 'la el ʃaxṣ da?
	تقدر تتعرف على الشخص دة؟
È sicuro?	enta muta'kked?
	إنت متأكد؟

Per favore, si calmi.	argūk ehḍa
	أرجوك إهدا
Si calmi!	hawwen 'aleyk!
	هون عليك!
Non si preoccupi.	mate'la'ʃ!
	ما تقلقش!
Andrà tutto bene.	kol ʃey' haykūn tamām
	كل شيء ح يكون تمام
Va tutto bene.	kol ʃey' tamām
	كل شيء تمام
Venga qui, per favore.	ta'āla hena laww samaḥt
	تعالى هنا لو سمحت

Devo porle qualche domanda.	'andy līk as'ela
	عندي لك أسئلة
Aspetti un momento, per favore.	esstanna laḥza men faḍlak
	إستنى لمظة من فضلك
Ha un documento d'identità?	'andak raqam qawwmy
	عندك رقم قومي
Grazie. Può andare ora.	ʃokran. momken temʃy dellwa'ty
	شكرا. ممكن تمشي دلوقتي
Mani dietro la testa!	eydeyk wara rāsak!
	إيديك ورا راسك!
È in arresto!	enta maqbūḍ 'aleyk!
	إنت مقبوض عليك!

Problemi di salute

Mi può aiutare, per favore.	argūk sā'dny أرجوك ساعدني
Non mi sento bene.	ana ta'bān أنا تعبان
Mio marito non si sente bene.	gouzy ta'bān جوزي تعبان
Mio figlio ...	ebny ... ... إبني
Mio padre ...	waldy ... ... والدي

Mia moglie non si sente bene.	merāty ta'bāna مراتي تعابة
Mia figlia ...	bennty ... ... بنتي
Mia madre ...	waldety ... ... والدتي

Ho mal di ...	ana 'andy ... ... أنا عندي
testa	ṣodā' صداع
gola	eḥtiqān fel zore إحتقان في الزور
pancia	maɣaṣṣ مغص
denti	alam aṣnān ألم أسنان

Mi gira la testa.	ʃā'er be dawār شاعر بدوار
Ha la febbre. (m)	'andak ḥomma عنده حمي
Ha la febbre. (f)	'andaha ḥomma عندها حمي
Non riesco a respirare.	meʃ 'āder attnaffess مش قادر أتنفس

Mi manca il respiro.	meʃ 'āder attnaffess مش قادر أتنفس
Sono asmatico.	ana 'andy aɣzma أنا عندي أزمة
Sono diabetico /diabetica/.	ana 'andy el sokkar أنا عندي السكر

Soffro d'insonnia.	meʃ 'āder anām
	مش قادر أنام
intossicazione alimentare	tassammom ɣezā'y
	تسمم غذائي

Fa male qui.	betewwga' hena
	بتوجع هنا
Mi aiuti!	sā'edny!
	ساعدني!
Sono qui!	ana hena!
	أنا هنا!
Siamo qui!	ehna hena!
	إحنا هنا!
Mi tiri fuori di qui!	ɣarragūny men hena
	خرجوني من هنا
Ho bisogno di un dottore.	ana mehtāg tabīb
	أنا محتاج طبيب
Non riesco a muovermi.	meʃ 'āder at-harrak
	مش قادر أتحرك
Non riesco a muovere le gambe.	meʃ 'āder aharrak reglaya
	مش قادر أحرك رجلية

Ho una ferita.	'andy garrhh
	عندي جرح
È grave?	da beggad?
	دة بجد؟
I miei documenti sono in tasca.	awwrā'y fi geyby
	أوراقي في جيبي
Si calmi!	ehhda'!
	إهدا!
Posso usare il suo telefono?	momken asstaɣdem telefonak?
	ممكن أستخدم تليفونك؟

Chiamate l'ambulanza!	otlob 'arabeyet es'āf!
	أطلب عربية إسعاف!
È urgente!	di hāla messta'gela!
	دي حالة مستعجلة!
È un'emergenza!	di hāla tāre'a!
	دي حالة طارئة!
Per favore, faccia presto!	besor'a men fadlak!
	بسرعة من فضلك!
Per favore, chiamate un medico.	momken tekallem doktore men fadlak?
	ممكن تكلم دكتور من فضلك؟
Dov'è l'ospedale?	feyn el mostaʃfa?
	فين المستشفى؟

Come si sente?	hāsses be eyh dellwa'ty
	حاسس بإيه دلوقتي؟
Sta bene?	enta beɣeyr?
	إنت بخير؟
Che cosa è successo?	eh elly hasal?
	إيه إللي حصل؟

Mi sento meglio ora.	ana ḥāsseş eny aḥssan dellwa'ty
	أنا حاسس إني أحسن دلوقتي
Va bene.	tamām
	تمام
Va tutto bene.	kollo tamām
	كله تمام

In farmacia

farmacia	şaydaliya صيدلية
farmacia di turno	şaydaliya arb'a we 'eʃrīn sā'a صيدلية 24 ساعة
Dov'è la farmacia più vicina?	feyn aqrab şaydaliya? فين أقرب صيدلية؟
È aperta a quest'ora?	hiya fat-ha dellwa'ty? هي فاتحة دلوقتي؟
A che ora apre?	betefftah emta? بتفتح إمتى؟
A che ora chiude?	bete'ffel emta? بتقفل إمتى؟
È lontana?	hiya be'eyda? هي بعيدة؟
Posso andarci a piedi?	momken awşal henāk māʃy? ممكن أوصل هناك ماشي؟
Può mostrarmi sulla piantina?	momken tewarrīny 'lal xarīţa? ممكن توريني على الخريطة؟
Per favore, può darmi qualcosa per ...	men faḍlak eddīny ḥāga le... من فضلك إديني حاجة لـ...
il mal di testa	el sodā' الصداع
la tosse	el kohḥa الكحة
il raffreddore	el bard البرد
l'influenza	influenza الأنفلوانزا
la febbre	el ḥumma الحمى
il mal di stomaco	el mayaşş المغص
la nausea	el ɣasayān الغثيان
la diarrea	el es-hāl الإسهال
la costipazione	el emsāk الإمساك
mal di schiena	alam fel zahr ألم في الظهر

dolore al petto	alam fel ṣadr ألم في الصدر
fitte al fianco	ɣorrza ganebiya غرزة جانبية
dolori addominali	alam fel baṭtn ألم في البطن

pastiglia	ḥabba حبة
pomata	marham, krīm مرهم، كريم
sciroppo	ʃarāb شراب
spray	baχāχ بخاخ
gocce	noqaṭṭ نقط

Deve andare in ospedale.	enta mehtāg terūh انت محتاج تروح المستشفى
assicurazione sanitaria	taʼmīn ṣeḥhy تأمين صحي
prescrizione	roʃetta روشتة
insettifugo	ṭāred lel haʃarāt طارد للحشرات
cerotto	blastar بلاستر

Il minimo indispensabile

Mi scusi, ...	ba'd ezznak, ... بعد إذنك، ...
Buongiorno.	ahlan أهلا
Grazie.	ʃokran شكراً
Arrivederci.	ella alliqā' إلى اللقاء
Sì.	aywā أيوة
No.	la'a لأ
Non lo so.	ma'raʃʃ ما أعرفش
Dove? | Dove? (~ stai andando?) | Quando?	feyn? | lefeyn? | emta? فين؟ | لفين؟ | إمتى؟

Ho bisogno di ...	meḥtāg ... محتاج ...
Voglio ...	'āyez ... عايز ...
Avete ...?	ya tara 'andak ...? يا ترى عندك...؟
C'è un /una/ ... qui?	feyh hena ...? فيه هنا ...؟
Posso ...?	momken ...? ممكن ...؟
per favore	... men faḍlak ... من فضلك

Sto cercando ...	ana badawwar 'la ... أنا بادور على ...
il bagno	ḥammām حمام
un bancomat	makīnet ṣarraf 'āaly ماكينة صراف آلي
una farmacia	ṣaydaliya صيدلية
un ospedale	mostaʃfa مستشفى
la stazione di polizia	'essm el ʃorṭa قسم شرطة
la metro	metro el anfā' مترو الأنفاق

un taxi	taksi
	تاكسي
la stazione (ferroviaria)	mahattet el 'attr
	محطة القطر

Mi chiamo ...	essmy ...
	إسمي...
Come si chiama?	essmak eyh?
	اسمك إيه؟
Mi può aiutare, per favore?	te'ddar tesā'dny?
	تقدر تساعدني؟
Ho un problema.	ana 'andy moʃkela
	أنا عندي مشكلة
Mi sento male.	ana ta'bān
	أنا تعبان
Chiamate l'ambulanza!	otlob 'arabeyet es'āf!
	أطلب عربية إسعاف!
Posso fare una telefonata?	momken a'mel mokalma telefoniya?
	ممكن أعمل مكالمة تليفونية؟

Mi dispiace.	ana 'āṣsif
	أنا آسف
Prego.	el 'afw
	العفو

io	ana
	أنا
tu	enta
	أنت
lui	howwa
	هو
lei	hiya
	هي
loro (m)	homm
	هم
loro (f)	homm
	هم
noi	ehna
	احنا
voi	entom
	انتم
Lei	haddretak
	حضرتك

ENTRATA	doxūl
	دخول
USCITA	xorūg
	خروج
FUORI SERVIZIO	'attlān
	عطلان
CHIUSO	moɣlaq
	مغلق

APERTO	maftūḥ
	مفتوح
DONNE	lel sayedāt
	للسيدات
UOMINI	lel regāl
	للرجال

MINI DIZIONARIO

Questa sezione contiene
250 termini utili nelle
conversazioni di tutti i giorni.
Potrete Trovare i nomi dei
mesi e dei giorni della
settimana.
Inoltre, il dizionario contiene
diversi argomenti come:
i colori, le unità di misura,
la famiglia e molto altro

T&P Books Publishing

INDICE DEL DIZIONARIO

T&P Books Publishing

1. Orario. Calendario

tempo (m)	waqt (m)	وقت
ora (f)	sā'a (f)	ساعة
mezzora (f)	niṣf sā'a (m)	نصف ساعة
minuto (m)	daqīqa (f)	دقيقة
secondo (m)	θāniya (f)	ثانية
oggi (avv)	al yawm	اليوم
domani	γadan	غدًا
ieri (avv)	ams	أمس
lunedì (m)	yawm al iθnayn (m)	يوم الإثنين
martedì (m)	yawm aθ θulāθā' (m)	يوم الثلاثاء
mercoledì (m)	yawm al arbi'ā' (m)	يوم الأربعاء
giovedì (m)	yawm al xamīs (m)	يوم الخميس
venerdì (m)	yawm al ʒum'a (m)	يوم الجمعة
sabato (m)	yawm as sabt (m)	يوم السبت
domenica (f)	yawm al aḥad (m)	يوم الأحد
giorno (m)	yawm (m)	يوم
giorno (m) lavorativo	yawm 'amal (m)	يوم عمل
giorno (m) festivo	yawm al 'uṭla ar rasmiyya (m)	يوم العطلة الرسمية
fine (m) settimana	ayyām al 'uṭla (pl)	أيام العطلة
settimana (f)	usbū' (m)	أسبوع
la settimana scorsa	fil isbū' al māḍi	في الأسبوع الماضي
la settimana prossima	fil isbū' al qādim	في الأسبوع القادم
di mattina	fiṣ ṣabāḥ	في الصباح
nel pomeriggio	ba'd aẓ ẓuhr	بعد الظهر
di sera	fil masā'	في المساء
stasera	al yawm fil masā'	اليوم في المساء
di notte	bil layl	بالليل
mezzanotte (f)	muntaṣif al layl (m)	منتصف الليل
gennaio (m)	yanāyir (m)	يناير
febbraio (m)	fibrāyir (m)	فبراير
marzo (m)	māris (m)	مارس
aprile (m)	abrīl (m)	أبريل
maggio (m)	māyu (m)	مايو
giugno (m)	yūnyu (m)	يونيو
luglio (m)	yūlyu (m)	يوليو
agosto (m)	aγusṭus (m)	أغسطس

settembre (m)	sibtambar (m)	سبتمبر
ottobre (m)	uktūbir (m)	أكتوبر
novembre (m)	nuvimbar (m)	نوفمبر
dicembre (m)	disimbar (m)	ديسمبر

in primavera	fir rabī‘	في الربيع
in estate	fiṣ ṣayf	في الصيف
in autunno	fil χarīf	في الخريف
in inverno	fiʃ ʃitā’	في الشتاء

mese (m)	ʃahr (m)	شهر
stagione (f) (estate, ecc.)	faṣl (m)	فصل
anno (m)	sana (f)	سنة

2. Numeri. Numerali

zero (m)	ṣifr	صفر
uno	wāḥid	واحد
due	iθnān	إثنان
tre	θalāθa	ثلاثة
quattro	arba‘a	أربعة

cinque	χamsa	خمسة
sei	sitta	ستّة
sette	sab‘a	سبعة
otto	θamāniya	ثمانية
nove	tis‘a	تسعة
dieci	‘aʃara	عشرة

undici	aḥad ‘aʃar	أحد عشر
dodici	iθnā ‘aʃar	إثنا عشر
tredici	θalāθat ‘aʃar	ثلاثة عشر
quattordici	arba‘at ‘aʃar	أربعة عشر
quindici	χamsat ‘aʃar	خمسة عشر

sedici	sittat ‘aʃar	ستّة عشر
diciassette	sab‘at ‘aʃar	سبعة عشر
diciotto	θamāniyat ‘aʃar	ثمانية عشر
diciannove	tis‘at ‘aʃar	تسعة عشر

venti	‘iʃrūn	عشرون
trenta	θalāθīn	ثلاثين
quaranta	arba‘ūn	أربعون
cinquanta	χamsūn	خمسون

sessanta	sittūn	ستّون
settanta	sab‘ūn	سبعون
ottanta	θamānūn	ثمانون
novanta	tis‘ūn	تسعون
cento	mi’a	مائة

duecento	mi'atān	مائتان
trecento	θalāθumi'a	ثلاثمائة
quattrocento	rub'umi'a	أربعمائة
cinquecento	χamsumi'a	خمسمائة
seicento	sittumi'a	ستّمائة
settecento	sab'umi'a	سبعمائة
ottocento	θamānimi'a	ثمانمائة
novecento	tis'umi'a	تسعمائة
mille	alf	ألف
diecimila	'aʃarat 'ālāf	عشرة آلاف
centomila	mi'at alf	مائة ألف
milione (m)	milyūn (m)	مليون
miliardo (m)	milyār (m)	مليار

3. L'uomo. Membri della famiglia

uomo (m) (adulto maschio)	raʒul (m)	رجل
giovane (m)	ʃābb (m)	شابّ
donna (f)	imra'a (f)	إمرأة
ragazza (f)	fatāt (f)	فتاة
vecchio (m)	'aʒūz (m)	عجوز
vecchia (f)	'aʒūza (f)	عجوزة
madre (f)	umm (f)	أُمّ
padre (m)	ab (m)	أب
figlio (m)	ibn (m)	إبن
figlia (f)	ibna (f)	إبنة
fratello (m)	aχ (m)	أخ
sorella (f)	uχt (f)	أخت
genitori (m pl)	wālidān (du)	والدان
bambino (m)	ṭifl (m)	طفل
bambini (m pl)	aṭfāl (pl)	أطفال
matrigna (f)	zawʒat al ab (f)	زوجة الأب
patrigno (m)	zawʒ al umm (m)	زوج الأُمّ
nonna (f)	ʒidda (f)	جدّة
nonno (m)	ʒadd (m)	جدّ
nipote (m) (figlio di un figlio)	ḥafīd (m)	حفيد
nipote (f)	ḥafīda (f)	حفيدة
nipoti (pl)	aḥfād (pl)	أحفاد
zio (m)	'amm (m), χāl (m)	عمّ، خال
zia (f)	'amma (f), χāla (f)	عمّة، خالة
nipote (m) (figlio di un fratello)	ibn al aχ (m), ibn al uχt (m)	إبن الأخ، إبن الأخت
nipote (f)	ibnat al aχ (f), ibnat al uχt (f)	إبنة الأخ، إبنة الأخت

moglie (f)	zawʒa (f)	زوجة
marito (m)	zawʒ (m)	زوج
sposato (agg)	mutazawwiʒ	متزوّج
sposata (agg)	mutazawwiʒa	متزوّجة
vedova (f)	armala (f)	أرملة
vedovo (m)	armal (m)	أرمل

| nome (m) | ism (m) | إسم |
| cognome (m) | ism al ‘ā’ila (m) | إسم العائلة |

parente (m)	qarīb (m)	قريب
amico (m)	ṣadīq (m)	صديق
amicizia (f)	ṣadāqa (f)	صداقة

partner (m)	rafīq (m)	رفيق
capo (m), superiore (m)	raʼīs (m)	رئيس
collega (m)	zamīl (m)	زميل
vicini (m pl)	ʒirān (pl)	جيران

4. Corpo umano. Anatomia

corpo (m)	ʒism (m)	جسم
cuore (m)	qalb (m)	قلب
sangue (m)	dam (m)	دم
cervello (m)	muxx (m)	مخ

osso (m)	‘aẓm (m)	عظم
colonna (f) vertebrale	‘amūd faqriy (m)	عمود فقريّ
costola (f)	ḍil‘ (m)	ضلع
polmoni (m pl)	ri’atān (du)	رئتان
pelle (f)	buʃra (m)	بشرة

testa (f)	ra’s (m)	رأس
viso (m)	waʒh (m)	وجه
naso (m)	anf (m)	أنف
fronte (f)	ʒabha (f)	جبهة
guancia (f)	xadd (m)	خدّ

bocca (f)	fam (m)	فم
lingua (f)	lisān (m)	لسان
dente (m)	sinn (f)	سنّ
labbra (f pl)	ʃifāh (pl)	شفاه
mento (m)	ðaqan (m)	ذقن

orecchio (m)	uðun (f)	أذن
collo (m)	raqaba (f)	رقبة
occhio (m)	‘ayn (f)	عين
pupilla (f)	ḥadaqa (f)	حدقة
sopracciglio (m)	ḥāʒib (m)	حاجب
ciglio (m)	rimʃ (m)	رمش

capelli (m pl)	ʃaʻr (m)	شعر
pettinatura (f)	tasrīḥa (f)	تسريحة
baffi (m pl)	ʃawārib (pl)	شوارب
barba (f)	liḥya (f)	لحية
portare (~ la barba, ecc.)	ʻindahu	عنده
calvo (agg)	aṣlaʻ	أصلع

mano (f)	yad (m)	يد
braccio (m)	ðirāʻ (f)	ذراع
dito (m)	iṣbaʻ (m)	إصبع
unghia (f)	ẓufr (m)	ظفر
palmo (m)	kaff (f)	كف

spalla (f)	katf (f)	كتف
gamba (f)	riʒl (f)	رجل
ginocchio (m)	rukba (f)	ركبة
tallone (m)	ʻaqb (m)	عقب
schiena (f)	ẓahr (m)	ظهر

5. Abbigliamento. Accessori personali

vestiti (m pl)	malābis (pl)	ملابس
cappotto (m)	miʻṭaf (m)	معطف
pelliccia (f)	miʻṭaf farw (m)	معطف فرو
giubbotto (m), giaccha (f)	ʒākīt (m)	جاكيت
impermeabile (m)	miʻṭaf lil maṭar (m)	معطف للمطر

camicia (f)	qamīṣ (m)	قميص
pantaloni (m pl)	banṭalūn (m)	بنطلون
giacca (f) (~ di tweed)	sutra (f)	سترة
abito (m) da uomo	badla (f)	بدلة

abito (m)	fustān (m)	فستان
gonna (f)	tannūra (f)	تنّورة
maglietta (f)	ti ʃirt (m)	تي شيرت
accappatoio (m)	θawb ḥammām (m)	ثوب حمّام
pigiama (m)	biʒāma (f)	بيجاما
tuta (f) da lavoro	θiyāb al ʻamal (m)	ثياب العمل

biancheria (f) intima	malābis dāχiliyya (pl)	ملابس داخليّة
calzini (m pl)	ʒawārib (pl)	جوارب
reggiseno (m)	ḥammālat ṣadr (f)	حمّالة صدر
collant (m)	ʒawārib kulūn (pl)	جوارب كولون
calze (f pl)	ʒawārib nisāʼiyya (pl)	جوارب نسائية
costume (m) da bagno	libās sibāḥa (m)	لباس سباحة

cappello (m)	qubbaʻa (f)	قبّعة
calzature (f pl)	aḥðiya (pl)	أحذية
stivali (m pl)	būt (m)	بوت
tacco (m)	kaʻb (m)	كعب

| laccio (m) | ʃarīṭ (m) | شريط |
| lucido (m) per le scarpe | warnīʃ al ḥiðā' (m) | ورنيش الحذاء |

guanti (m pl)	quffāz (m)	قفّاز
manopole (f pl)	quffāz muɣlaq (m)	قفّاز مغلق
sciarpa (f)	'Iʃārb (m)	إيشارب
occhiali (m pl)	naẓẓāra (f)	نظّارة
ombrello (m)	ʃamsiyya (f)	شمسيّة

cravatta (f)	karavatta (f)	كرافتة
fazzoletto (m)	mandīl (m)	منديل
pettine (m)	miʃṭ (m)	مشط
spazzola (f) per capelli	furʃat ʃaʿr (f)	فرشة شعر

fibbia (f)	bukla (f)	بكلة
cintura (f)	ḥizām (m)	حزام
borsetta (f)	ʃanṭat yad (f)	شنطة يد

6. Casa. Appartamento

appartamento (m)	ʃaqqa (f)	شقّة
camera (f), stanza (f)	ɣurfa (f)	غرفة
camera (f) da letto	ɣurfat an nawm (f)	غرفة النوم
sala (f) da pranzo	ɣurfat il akl (f)	غرفة الأكل

salotto (m)	ṣālat al istiqbāl (f)	صالة الإستقبال
studio (m)	maktab (m)	مكتب
ingresso (m)	madχal (m)	مدخل
bagno (m)	ḥammām (m)	حمّام
gabinetto (m)	ḥammām (m)	حمّام

aspirapolvere (m)	miknasa kahrabā'iyya (f)	مكنسة كهربائيّة
frettazzo (m)	mimsaḥa ṭawīla (f)	ممسحة طويلة
strofinaccio (m)	mimsaḥa (f)	ممسحة
scopa (f)	miqaʃʃa (f)	مقشّة
paletta (f)	ʒārūf (m)	جاروف

mobili (m pl)	aθāθ (m)	أثاث
tavolo (m)	maktab (m)	مكتب
sedia (f)	kursiy (m)	كرسيّ
poltrona (f)	kursiy (m)	كرسيّ

specchio (m)	mir'āt (f)	مرآة
tappeto (m)	siʒāda (f)	سجادة
camino (m)	midfa'a ḥā'iṭiyya (f)	مدفأة حائطيّة
tende (f pl)	satā'ir (pl)	ستائر
lampada (f) da tavolo	miṣbāḥ aṭ ṭāwila (m)	مصباح الطاولة
lampadario (m)	naʒafa (f)	نجفة
cucina (f)	maṭbaχ (m)	مطبخ
fornello (m) a gas	butuɣāz (m)	بوتوغاز

fornello (m) elettrico	furn kaharabā'iy (m)	فرن كـهربائيّ
forno (m) a microonde	furn al mikruwayv (m)	فرن الميكروويف
frigorifero (m)	θallāʒa (f)	ثلاجة
congelatore (m)	frīzir (m)	فريزير
lavastoviglie (f)	ɣassāla (f)	غسّالة
rubinetto (m)	ḥanafiyya (f)	حنفيّة
tritacarne (m)	farrāmat laḥm (f)	فرّامة لحم
spremifrutta (m)	ʻaṣṣāra (f)	عصّارة
tostapane (m)	maḥmaṣat χubz (f)	محمصة خبز
mixer (m)	χallāṭ (m)	خلّاط
macchina (f) da caffè	mākinat ṣanʻ al qahwa (f)	ماكينة صنع القهوة
bollitore (m)	barrād (m)	برّاد
teiera (f)	barrād aʃ ʃāy (m)	برّاد الشاي
televisore (m)	tilivizyūn (m)	تليفزيون
videoregistratore (m)	ʒihāz tasʒīl vidiyu (m)	جهاز تسجيل فيديو
ferro (m) da stiro	makwāt (f)	مكواة
telefono (m)	hātif (m)	هاتف

www.ingramcontent.com/pod-product-compliance
Lightning Source LLC
Chambersburg PA
CBHW070838050426
42452CB00011B/2331